CONFÉRENCE DES AVOCATS STAGIAIRES

Séance du 2 décembre 1875

Discours de M. MARC, Secrétaire

Discours de M. DEPÉRONNE, Batonnier

DU BUT ET UTILITÉ PRATIQUE DES CONFÉRENCES

NANCY

IMPRIMERIE E. RÉAU, RUE SAINT-DIZIER, 51

1875

CONFÉRENCE DES AVOCATS STAGIAIRES

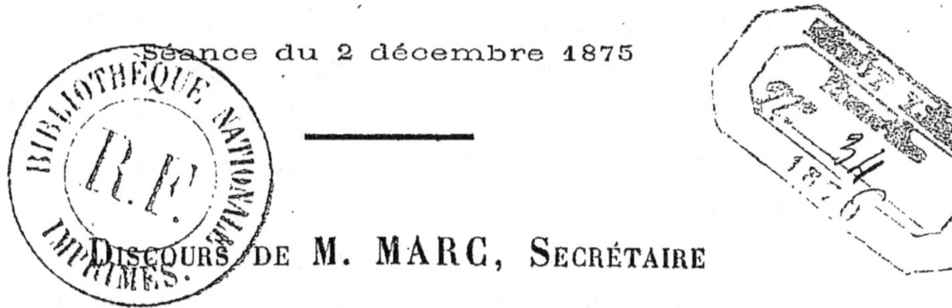

Séance du 2 décembre 1875

Discours de M. MARC, Secrétaire

Messieurs,

A la fin de l'année dernière, nous quittions la Conférence en disant adieu à nos confrères plus âgés, qui devaient, après trois ans de stage, prendre leur place au tableau de l'Ordre des avocats, à notre bâtonnier, dont les pouvoirs étaient expirés. L'Ordre des avocats devait donner un nouveau Président à notre Conférence, et nous l'attendions avec confiance, certains que l'élu serait l'un des plus dignes. Mais si Me Mengin cessait de diriger nos efforts, nous espérions cependant pouvoir encore nous aider de ses conseils, nous étions sûrs de la bienveillance avec laquelle il nous prêterait sa vieille expérience. La Providence en a décidé autrement, et notre nouveau bâtonnier a dû commencer ses fonctions près de la tombe de son regretté prédécesseur, en retraçant sa vie si bien remplie au nombreux cortège d'amis et de confrères qui l'accompagnaient à sa dernière demeure. Qu'il me soit permis de remercier le Conseil de l'Ordre de m'avoir confié, malgré mon

indignité, l'honorable tâche de dire en votre nom un suprême adieu à Mᵉ Mengin ! Sa mémoire vivra long-temps encore parmi nous, qui l'avons vu partout, à la conférence des étudiants, comme à celle des stagiaires, diriger nos discussions avec la plus grande autorité, et pardonner à nos défaillances avec une bonté toujours nouvelle.

Aujourd'hui, nous reprenons nos travaux. L'élection du 29 juillet dernier a envoyé siéger à notre fauteuil l'un des vétérans les plus aimés du barreau nancéen. Ce serait faire injure à Mᵉ Depéronne que de parler à des avocats de ses succès oratoires, qui lui ont acquis une si grande notoriété, non-seulement devant les tri-bunaux civils et criminels, mais même dans les rangs des citoyens les plus indifférents aux luttes de l'au-dience. Il serait non moins inutile d'entretenir des Nancéens de cette connaissance profonde des affaires, de ces opinions libres, autant que modérées, qui ont valu à notre bâtonnier une place méritée dans le Conseil municipal de notre cité. Mais je puis dire sa bonté à l'égard de ses jeunes confrères, et je suis con-vaincu, qu'arraché à ses nombreux travaux pour venir ici guider nos premiers pas dans la carrière du barreau, il saura se montrer à la fois sévère pour l'application de nos règlements et de nos usages, mais bienveillant pour nos défauts et notre inexpérience ; et, sous sa direction, nous augmenterons encore, je l'espère, la prospérité de la Conférence des Avocats.

Mais, pour arriver là, il faut, Messieurs, que chacun de nous donne à ses confrères l'exemple du travail et de l'assiduité. Nous perdons cette année plus de membres que de coutume : les uns nous sont enlevés par la magistrature ; les autres ont été jugés dignes d'être inscrits au Tableau de l'Ordre ; d'autres encore nous abandonnent pour les positions plus calmes d'avoués ou de notaires. Nos jeunes collègues, que je regrette de n'avoir pu convoquer tous pour cette première réunion, ne suffiront pas pour combler nos vides. Il faut que nous arrivions à ce résultat par notre ardeur à assister à nos séances, par le soin que nous mettrons à préparer et à dire nos modestes plaidoiries ; il faut enfin que nous promettions tous à notre nouveau bâtonnier de répondre de notre mieux par nos efforts au dévouement qu'il a montré en acceptant la présidence de nos réunions.

DU BUT ET UTILITÉ PRATIQUE DES CONFÉRENCES

Mes chers Confrères,

Je me rappelle toujours avec plaisir des vers charmants et spirituels, ce qui ne gâte rien, que j'ai lus dans un poëte français, peu connu du dix-septième siècle.

Permettez-moi de vous les citer :

> *Dis-je quelque chose assez belle,*
> *L'antiquité toute en cervelle*
> *Me dit : je l'ai dit avant toi !*
> *C'est une plaisante donzelle*
> *Que ne venait-elle après moi,*
> *J'aurais dit la chose avant elle.*

Comme les sujets auxquels faisait allusion le chevalier Jacques de Cailly, ce que je viens vous dire aujourd'hui, d'autres l'ont dit avant moi, et bien mieux que moi ; cependant il est, je le crois, des choses dont on peut parler toujours sans avoir trop à craindre de fatiguer ses auditeurs, c'est de parler de la profession qu'ils ont embrassée, de ses règles et de ses devoirs, devant ceux qui vont en exercer les droits.

La plus précieuse, peut-être, des prérogatives que me donne le titre de bâtonnier, c'est de présider à vos travaux ; c'est de diriger vos premiers pas dans cette carrière où si vous en suivez les règles, si vous en pratiquez les devoirs, si vous en continuez les traditions, vous attendent moins les honneurs et la fortune, que les joies douces et pures que donne la satisfaction de pouvoir se dire :

« J'ai mis au service du bon droit et de l'équité,
» mon travail, ma parole et mon cœur ; et dans le bien
» que la justice a fait, je puis revendiquer ma part. »

C'est qu'elle est belle, mes chers Confrères, cette profession d'avocat, dont vous ne connaissez pas encore tous les charmes, mais dont, il ne faut pas vous le dissimuler, les débuts pourront vous paraître pénibles, et jetteront dans l'esprit de quelques-uns des défaillances, suite trop fréquente de désillusions et de mécomptes.

— Dans cette carrière, qui est une lutte permanente, un combat de tous les jours, où sans être abattus, et trouvant pour ainsi dire, de nouvelles forces dans la défaite, les plus forts succombent ; où les plus vaillants, les plus habiles sont vaincus ; où, ceux qu'une longue expérience a signalés au choix du plaideur matinal dont parle le poëte, voient leurs efforts impuissants, ce serait arriver avec une présomption bien grande, avec un sentiment trop exagéré de sa valeur personnelle, et surtout avec une trop fausse connaissance de la marche des choses, que ne pas accepter ces petites déceptions et ne point y puiser, au contraire, une ardeur plus grande, et devenir ce *justum et tenacem propositi virum*, à qui seul il est donné d'arriver un peu haut, quel que soit le but qu'il se propose.

Je ne sais, mes jeunes Confrères, si cette robe que vous portez depuis peu vous est déjà chère, mais ce que je sais, c'est que ceux-là qu'appelle dans nos rangs une véritable vocation, s'y attacheront avec un amour jaloux ; car c'est sous ses plis qu'ils éprouveront les émotions les plus vives, pénibles parfois, mais bien souvent aussi, douces et enivrantes dont le souvenir se grave dans la mémoire comme celui d'un jour de bonheur.

Que de preuves je pourrais vous citer de la force de cet attachement à notre profession ! N'est-ce pas dans nos rangs que l'on trouve ces vieux soldats du droit, ces vétérans que les fatigues de la lutte ne peuvent contraindre à s'éloigner de l'audience, que la maladie seule arrache au barreau, que la mort, on l'a vu, y vient frapper.

Et si, parfois les circonstances ont fait déposer à quelques-uns d'entre nous cette robe aimée, elle est religieusement conservée, pieux et doux souvenir vers lequel la pensée se reporte, quel que soit l'éclat de la position nouvelle.

Elle n'est pas seulement le symbole des temps heureux dans le passé ; elle est encore, si les jours deviennent sombres, l'espérance de l'avenir ; c'est l'amie fidèle qui vous attend, prête à vous rendre les joies que vous avez quittées, et, avec la sécurité de l'indépendance, le plus grand de tous les bonheurs, le droit de s'appartenir.

Et, pour appuyer mes paroles, que d'exemples n'aurais-je pas ? Les plus illustres et les plus humbles reprennent, avec un noble orgueil, le modeste costume dont s'honore celui qui, par l'étude, sa patience laborieuse, la régularité de sa conduite, son esprit d'équité, sa loyauté inflexible, sa juste modération, sait se rendre digne de la porter.

J'ai dit, mes chers Confrères, *sa patience laborieuse;* c'est qu'en effet au barreau comme partout on ne s'improvise pas ; les avocats éminents le sont devenus à la longue, les primesautiers sont rares, et la sagesse des nations a dit dans un style vulgaire, mais avec un gros bon sens qui frappe : « A force de forger, on devient forgeron ». Oui, messieurs, forgerons du fer comme du style qui captive, entraîne et convainc, comme du fond, c'est-à-dire de cette masse de connaissances sans lesquelles un avocat ne peut être que brillant, et par conséquent incomplet.

Nous rouvrons vos conférences ; quel en doit être le but, l'utilité pratique ? Vous initier à nos usages professionnels, aux formes, aux formalités que comportent les débats judiciaires, au maniement des armes dont vous aurez à vous servir dans le cours de votre carrière ; et, en parlant ainsi, vous voyez que ceux-là même d'entre vous que le barreau ne doit pas toujours compter dans ses rangs, mais qui seront peut-être un jour appelés à remplir dans la magistrature des fonctions qui en feront nos adversaires, pourront y trouver aussi des enseignements et des leçons dont le souvenir et les résultats ne leur seront pas inutiles, au temps de la pratiqne et des luttes sérieuses.

Je viens de parler de leçons et d'enseignements. Je les dirigerai, mais, qui vous les donnera ? Vous-mêmes. Car pour vous les donner par l'exemple, il faudrait quitter ce fauteuil et m'y faire remplacer par un plus digne ; mais, je vous l'avoue, mes chers confrères, je le devrais, et ne le puis, car j'abdiquerais en même temps le titre qui m'y fait asseoir, et ce titre, il réalise mon rêve ; c'est mon ambition satisfaite, mon désir comblé, la récompense exagérée, sans doute, mais qui m'est bien précieuse, de trente années passées au barreau, la preuve d'une estime sympathique dont je suis heureux et fier ; c'est l'honneur qui vous attend vous-mêmes, si vous le voulez ; il faut pour cela une volonté ferme, du travail, la passion du bien, le profond sentiment du devoir, et le désir d'arriver par les seuls moyens que peut admettre la délicatesse la plus scrupuleuse.

A défaut d'exemples, je puis, au moins, vous donner quelques conseils ; mon expérience n'est pas d'hier ; et c'est à elle que je vais demander le sujet de cette causerie.

L'arme de l'avocat, c'est la parole ; c'est de l'art de parler que je veux vous entretenir un instant.

Parler !! je veux dire bien parler, non-seulement correctement, mais avec élégance et facilité. Cette précieuse qualité que doit ambitionner tout avocat, et qu'il faut s'efforcer d'acquérir, quelques natures privilégiées l'ont, pour ainsi dire, en naissant ; mais à celles-là, n'ayant rien à leur apprendre, qu'il me soit permis de donner un conseil.

Je ne leur dirai pas de ne pas s'enorgueillir de ce grand mérite qui n'est pas dû entièrement à leur travail, mais je leur dirai de prendre garde que cette grande facilité de style et le plaisir qu'on éprouve à charmer, ne doit pas leur faire oublier que la forme séduit, mais que le fond seul peut faire sur le magistrat une impression profonde, premier élément de la conviction qu'il s'agit de produire.

A ceux que la nature a ainsi généreusement dotés, je dirai :

« Vous êtes riches, n'étalez pas sans motif toutes
» vos richesses, n'en faites pas parade, ne vous com-
» plaisez pas à les montrer, ne les prodiguez pas,
» elles perdraient de leur prix.

» Rappelez-vous le conseil d'Horace, et craignez
» qu'on ne puisse vous dire avec lui :
» *Non erat his locus.* »

Mais, malheureusement, il est rare ce don d'une parole facile et pure. Que faire pour l'obtenir ?

Je n'ai pas la prétention de vous dire tous les moyens par lesquels on arrive à cet art difficile de la parole ; le meilleur, selon moi, le plus sûr, c'est l'exercice continuel, c'est par lui seul, que l'orateur se forme, se perfectionne, se maintient.

Je ne puis mieux faire pour donner à mon conseil, sur ce point, une autorité qu'est loin de vous offrir ma parole, que de vous rappeler ce que faisait un des hommes qui, comme avocat d'abord, comme magistrat ensuite, ont laissé au barreau et à la Cour de Nancy, la réputation la plus méritée d'orateur éminent.

J'ai nommé M. Fabvier qui, procureur général, ne croyait pas plus inutile à son talent qu'indigne de ses hautes fonctions la discussion de petites affaires.

Comme celui qui, pour rester maître dans l'art de l'escrime, va passer quelques heures à la salle d'armes, il venait à l'audience, se faire la main, réveiller cette puissance oratoire qu'un trop long silence engourdit et altère.

Ce que le maître faisait pour conserver, que ne doit pas faire l'élève (passez-moi ce mot qui rend mal ma pensée) pour acquérir ?

Songez, chers Confrères, qu'à l'audience la lutte est engagée, sérieuse, décisive peut-être.

Du jugement auquel vos plaidoiries auront dû fournir les arguments, dépend la fortune, parfois l'honneur, la vie de votre client.

Or, l'instrument de cette lutte, l'épée de ce combat, c'est la parole. Que diriez-vous de celui qui accepterait un duel sans savoir manier l'arme qui doit, en protégeant sa vie, menacer celle de son adversaire ?

Esclave de la pensée, comme l'épée l'est de la main qui la guide, la parole doit obéir; mais il faut souvent bien des efforts et un long travail pour que la volonté qui commande trouve toujours et à l'instant même le mot qu'elle appelle.

Récalcitrante ou rétive, l'expression cherchée ne vient pas ; l'orateur, perdu dans une phrase qu'il ne peut achever, ne suit plus sa pensée et voit, ce qui augmente son trouble, les juges et les auditeurs souffrant eux-mêmes d'un embarras que chaque effort inutile augmente, accroît, et amène aux dernières limites.

Il faut donc être maître de sa parole comme de sa pensée, et de la suite des idées que l'on doit développer dans sa plaidoirie.

La parole est comme la rime, elle doit obéir.

Dans le remarquable discours de réception que prononçait à l'Académie de Stanislas l'un des maîtres de notre barreau, un de ces avocats qui joignaient l'exemple aux préceptes, Me Volland recommandait la traduction comme une mine toujours ouverte que doit exploiter, avec persévérance, celui qui veut se former à l'art d'improviser.

Je ne puis résister au plaisir de vous lire le passage où il montre les avantages de ce travail.

« Je serais presque tenté d'indiquer d'avance un
» moyen technique de la préparer et de la rendre facile.
» Quand nous lisons une page de Cicéron ou de Tacite,
» la pensée de l'auteur nous apparaît dans une lumi-
» neuse transparence ; nous en voyons clairement l'en-
» semble, les détails, l'enchaînement, tout ce qui en
» fait la force et la beauté. Mais pour la faire passer
» dans notre langue, il nous faut encore un grand et
» difficile effort ; il faut accommoder à une forme fran-
» çaise l'idiome étranger, il faut plier notre ordre
» grammatical à l'ordre logique des idées, que l'auteur
» a préféré ; il faut chercher longtemps, et quelque-
» fois chercher vainement, le terme qui rendra le

» mieux le type que nous avons sous les yeux. C'est
» exactement le travail que fait celui qui commence
» à improviser : il voit dans son esprit sa propre
» pensée comme il voit la pensée de l'auteur dans une
» langue étrangère ; il en a un type idéal qu'il veut
» atteindre ; il ne lui manque pour cela que les mots
» rangés dans un certain ordre. La lutte à haute voix
» que le traducteur engagera contre son modèle, dans
» laquelle il échouera dix fois, mais que dix fois il re-
» commencera jusqu'à ce qu'il en sorte à peu près sa-
» tisfait, est donc la meilleure et la plus efficace pré-
» paration. »

Par la discussion sérieuse d'une question quel-
conque, on arrive au même résultat ; par elle on s'ha-
bitue, non-seulement à parler d'une manière claire et
correcte, mais avec distinction et élégance.

L'idée qu'on a bien conçue, pour rappeler le mot de
Boileau, se revêt sans efforts de cette expression qui
seule lui convient et qui, docilement, forme, complète
et termine la phrase, comme la clé de voûte qui tombe
à la place préparée pour la recevoir.

Mais, croyez-vous, mes chers Confrères, que pour
arriver à ce résultat, ces orateurs que nous admirons,
n'aient pas longtemps dans le silence du cabinet lutté
contre ces difficultés qui nous arrêtent si souvent et
qui paraissent ne pas exister pour eux ?

Ne le croyez pas ; comme le traducteur dont nous
parlait tout à l'heure l'éminent avocat auquel j'em-
pruntais quelques phrases, ils ont eu, souvent et long-
temps, j'en suis sûr, à chercher le mot propre à
l'idée qu'ils voulaient exprimer, car il n'est pas tou-

jours plus facile de bien rendre sa pensée que de bien traduire celle d'autrui.

Me sera-t-il permis, après vous avoir donné quelques conseils pour réaliser la seconde partie de la définition si connue de l'orateur, d'ajouter qu'il ne suffit pas d'être maître de sa parole, et qu'il est un art de dire qu'il faut, selon moi, placer en très-bon rang parmi les nombreuses qualités que doit posséder celui qui a la noble ambition de ne pas rester trop loin des maîtres qui nous servent de modèles.

Combien les plus jolies, les meilleures choses ne perdent-elles pas à être mal lues ou mal dites ? N'avez-vous pas conservé le souvenir de bluettes insignifiantes par elles-mêmes, qui ne devaient leur succès et le plaisir qu'elles faisaient éprouver qu'à la manière dont elles étaient récitées ?

Sans parler de l'influence qu'exercent sur un auditoire l'action proprement dite, le geste, le mouvement théâtral, il est impossible de méconnaître que le débit (pour me servir d'une expression consacrée) donne au langage une force et une puissance auxquelles un célèbre orateur grec rendait un éclatant hommage, en proclamant l'immense supériorité de l'adversaire dont il lisait, en l'affaiblissant, le magnifique discours.

A l'avocat, je dirai seulement : évitez d'abord des défauts capitaux :

Parler trop bas.

Parler trop vite.

Parler d'une façon monotone.

Parler trop bas fatigue le juge ; la peine qu'il se

donne pour entendre les paroles, nuit évidemment à l'attention qu'il doit à la pensée.

Parler trop vite offre un danger plus grand encore. L'auditeur, perdu au milieu d'un flux ininterrompu de mots qui se pressent, ne peut saisir l'idée, et quand il est sur sa trace, déjà une autre fait l'objet de la discussion à laquelle se laisse aller le torrentueux orateur.

Mais un des plus grands défauts contre lesquels doive se mettre en garde l'avocat, c'est la monotonie ; rien, je crois, n'est plus à craindre ; elle a pour résultat presque inévitable l'inattention, parce qu'elle plonge l'intelligence de celui qui écoute dans une sorte d'engourdissement et de somnolence dont la volonté la plus énergique ne peut pas toujours avoir raison.

Ce n'est pas que les excès contraires aux défauts que je viens de signaler n'offrent pas aussi de grands dangers ; mais, obligé de choisir, je les préférerais.

La fatigue contraindra bientôt l'orateur à adoucir l'éclat de son ton.

La lenteur du débit excitera, peut-être, d'abord, l'impatience du juge ; mais si la pensée est bonne, si l'argument porte, son esprit s'attachera à en tirer les conséquences juridiques, et ce travail, en l'occupant, laissera à l'avocat le temps d'arriver à un autre ordre d'idées.

Quant à l'accentuation exagérée, elle est peu à craindre, il est même bien rare d'en avoir une suffisante au début ; et cela tient un peu à la manière regrettable dont, en général, on lit, on récite dans les études classiques.

L'art de dire est beaucoup trop négligé, et cependant il est au style ce que la grâce est à la femme, le coloris au dessin; il ne remplace rien, mais il embellit tout, et sait parfois d'un rien, faire quelque chose.

Vos conférences auraient déjà une incontestable utilité, si elles n'avaient d'autre but que de vous faciliter, j'allais presque dire de vous imposer ces exercices préparatoires aux luttes de l'audience, exercices dans lesquels vous trouverez l'occasion de prendre la parole, de développer vos idées, de les défendre et de réfuter les objections soulevées contre le système que vous aurez adopté.

Seulement, et s'il m'était permis de dire sur leur utilité toute ma pensée, j'ajouterais qu'elles doivent aussi avoir un but plus positif, un rapport plus direct avec l'exercice de votre profession, en vous faisant entrer dans la vie réelle, dans le monde des procès. Pour moi, il faut aussi qu'elles soient une initiation à l'étude des dossiers et à la discussion des affaires.

Loin de moi, certes, la pensée de considérer l'étude approfondie des textes, des difficultés qu'ils soulèvent dans leur interprétation et leur concordance, la connaissance de la jurisprudence comme n'étant pas de la plus indispensable nécessité; mais, il faut le reconnaître, les questions de droit pur, les discussions théoriques sont de beaucoup les moins fréquentes devant les tribunaux; le fait y est presque toujours mêlé au point de jouer, dans le procès, un rôle important, souvent décisif.

Et cela se comprend, sans peine. N'est-ce pas, en effet, dans la vie réelle que la lutte incessante des intérêts engendre ces difficultés pour la solution desquelles il a, sans doute, fallu des lois et des règles pour les résoudre, des magistrats pour les trancher, mais qui reposent sur des faits dont l'appréciation, toujours nécessaire, est souvent aussi délicate que celle des textes les plus ambigus ?

J'ajouterai que non-seulement les questions de droit pur, se présentent rarement devant les tribunaux, mais que, dans les cours de droit, vous avez entendu exposer les systèmes, soulever et résoudre les difficultés. Sans doute cela ne suffit pas ; car, je vous l'ai dit, la pratique est nécessaire ; mais, de même que la fréquentation des audiences produit certainement d'excellents résultats, de même on profite beaucoup, rien qu'à entendre exposer une théorie et soutenir un système, quoiqu'il y ait une grande différence entre l'enseignement doctrinal qui ne comporte pas la contradiction, et la discussion judiciaire où les objections sont formulées et vigoureusement défendues par un adversaire souvent fort habile et solidement établi sur le terrain où il sait d'avance que s'engagera le combat.

Exclusivement consacrés aux études théoriques, les cours de droit ne vous ont même pas donné l'idée des procès proprement dits. Si l'on n'a pas, poussé par une curiosité très-naturelle ou par le désir d'apprendre, franchi le seuil des salles d'audiences, on doit être, en face *du premier dossier,* assez embarrassé, surtout si l'affaire est un peu compliquée.

Eh bien ! mes chers confrères, je voudrais que vos

conférences puissent avoir ce résultat de diminuer cet embarras, en vous habituant à l'art de la parole, et à l'art de parler d'affaires, luttant ainsi, sans les émotions du triomphe ou les regrets de la défaite, avec les armes, hélas ! meurtrières dans une autre enceinte.

Il ne suffit pas de bien connaître son dossier ; de savoir non moins bien ce que renferme le dossier de son adversaire ; il faut que l'affaire soit exposée avec clarté, ordre, méthode ; que le fait, s'il doit dominer, s'il doit être le terrain de la discussion, soit mis en relief, et, semblable à un point de ralliement, ne soit jamais perdu de vue ; que toutes les circonstances de détail soient relevées avec soin, sans insister cependant trop minutieusement, sous peine de fatiguer les magistrats, et, par des développements inutiles et déplacés, de les exposer à prendre l'accessoire pour le principal.

C'est dans ces sortes d'affaires surtout qu'il importe de rappeler au client combien il est indispensable de ne rien avancer qui ne soit marqué au coin de la plus grande, de la plus scrupuleuse exactitude. Il y va du sort du procès. Je viens de dire : *le client*, car il ne peut entrer dans ma pensée qu'un avocat soit capable ou de dénaturer un fait, ou, dans l'intérêt même de sa cause, d'en avancer comme vrais et positifs, de faux ou d'incertains.

C'est peut-être le premier de nos devoirs professionnels, celui à l'observation duquel nous devons la considération qui s'attache à notre Ordre, la confiance dont la justice nous honore, que ce devoir de ne prêter notre ministère qu'à la cause que nous croyons juste et honnête, et de reculer devant l'emploi des moyens que réprouve la conscience, même pour arriver au succès.

La fin justifie les moyens, a-t-on dit. La conscience se révolte contre une semblable maxime; de partout elle doit être bannie, elle offense la morale, et le barreau jamais n'en permettra l'application.

Je parle des causes civiles. En matière criminelle, le rôle bien différent de l'avocat lui permet, lui impose, selon moi, de s'identifier davantage avec son client; et son appréciation personnelle ne suffit pas pour lui faire abandonner la défense qui lui a été confiée, ou, ce qui serait bien pis, de faire ou de laisser entrevoir des aveux dont il a pu être le confident, mais de l'opportunité desquels le client est le seul juge et souverain appréciateur.

Bien différent est l'exposé d'une question de droit; celle-ci doit se dégager, se présenter simple, isolée des faits qui peuvent l'avoir fait naître, mais qui, pour le moment du moins où on la discute, doivent disparaître.

Sur ce terrain du droit, il faut faire appel à la logique la plus puissante, à l'argumentation la plus serrée; on peut alors, sans crainte, bannir la plupart des ornements de style, si utiles dans le récit ou la discussion des faits. Comme il ne peut guère y avoir d'imprévu, si l'étude de la question a été complète dans le cabinet, il est facile, possible au moins, de prévoir l'objection, de la discuter, sans attendre la réplique, et d'arriver ainsi, en étayant son système de l'opinion des auteurs et de l'autorité de la jurisprudence, à fournir aux magistrats les principes de la solution, les bases de leurs jugements.

Y a-t-il, comme cela arrive le plus souvent, du fait et du droit ? C'est alors que l'habileté de l'avocat trouvera l'occasion de se montrer en se plaçant, suivant que le terrain lui paraît plus solide, sous la protection du texte et de ses conséquences juridiques, ou en l'écartant pour montrer l'irrésistible puissance du fait.

Quelle que soit l'étendue de vos connaissances théoriques, quelque profonds jurisconsultes que vous puissiez être, ne comprenez-vous pas que l'expérience, la pratique personnelle, l'assiduité aux audiences, peuvent seules, en vous en faisant voir les difficultés, vous habituer à les vaincre et surtout à apprendre comment on saisit avec sûreté et promptitude l'argument qui porte, le moyen qui décide, l'objection qui arrête ou la réponse qui la détruit ?

Songez qu'au barreau, dans les affaires même les mieux préparées, dans celles dont une étude consciencieuse vous permet de croire que vous connaissez tous les détails, il y a parfois de l'imprévu ; et le coup inattendu auquel on ne répond pas, emprunte au silence que l'on garde une force qu'il n'a pas lui-même.

A Nancy, mes chers Confrères, comme dans presque tous les barreaux de province, le nombre des affaires et la bienveillance des magistrats permettent de continuer un usage précieux que M. Liouville déplorait amèrement de ne pas trouver à la Cour de Paris. Je veux parler de la réplique.

C'est là, c'est dans un second et suprême engagement qu'il faut déployer toute la force de sa dialectique, la souplesse de son esprit, l'éclectisme, si je puis m'exprimer ainsi, de l'argumentation.

Écartant, en courant, les raisons accessoires, il faut prendre corps à corps le moyen capital ; l'objection, dont aussi bien que son adversaire on a compris la portée, il faut la détruire et la renverser, sinon succomber.

La vigueur, la netteté, le laconisme, la fermeté même de la diction, la précision du langage, la perspicacité d'esprit qui voit le point faible, et sait en faire une brèche pour s'introduire dans la place, et s'y établir en vainqueur, telles sont les qualités qui, dans la réplique surtout, sont nécessaires et sont le secret qu'il faut arriver à connaître pour devenir, je ne dirai pas un orateur éminent, *non licet omnibus*, mais pour ne pas offrir le spectacle fâcheux d'un avocat dont l'attitude et la molle résistance sont les premiers et les plus sûrs indices du sort qui attend son client.

Eh bien! mes chers Confrères, si nous le pouvons, et pourquoi nous ne le pourrions-nous pas ? sans négliger la discussion des questions de droit et des principes, nous essayerons ensemble ces petites guerres sur le terrain, avec des armes blanches, mais avec les mouvements de troupes qui ne seront même pas concertés d'avance, et vous vous apprendrez à vaincre, ou au moins à ne pas laisser une trop facile victoire.

Voilà mon but, serai-je à sa hauteur ? Ne regretterez-vous pas trop ceux qui m'ont précédé, et cette tâche qui m'est échue avec l'honneur du bâtonnat, saurai-je la remplir? Je l'essayerai, comptant sur votre bienveillance, et en vous donnant l'assurance que je ne négligerai rien pour réaliser le désir de l'Ordre à la tête duquel vos anciens m'ont placé : c'est de vous voir *probi et dicendi periti* donner un jour au barreau de Nancy des noms qui puissent s'ajouter à ceux dont il est fier à si juste titre.

www.ingramcontent.com/pod-product-compliance
Lightning Source LLC
Chambersburg PA
CBHW061613050726

47595CB00007B/2935